IDÉAL

PAR

PROSPER BLANCHEMAIN

PARIS

AUGUSTE AUBRY

L'un des Libraires de la Société des Bibliophiles François.

RUE DAUPHINE 16

MDCCCLVIII

IDÉAL

SE TROUVE AUSSI

A PARIS, chez PAUL MASGANA, Galerie de l'Odéon, 12.

A ROUEN, chez LEBRUMENT.

A CAEN, chez LEGOST-CLÉRISSE.

Tiré à 250 exemplaires.

PARIS. — IMPRIMERIE DE J. CLAYE, RUE SAINT-BENOIT, 7.

IDÉAL

PAR

PROSPER BLANCHEMAIN

PARIS

AUGUSTE AUBRY

L'un des Libraires de la Société des Bibliophiles François

RUE DAUPHINE 16

—

MDCCCLVIII

IDÉAL

A MARIE DÉSIRÉE

Sais-tu que toujours je t'aime
D'un égal et pur amour ;
Que mon cœur sera le même
Jusques à son dernier jour ;
Que ma vie est la rosée,
Perle aux lèvres d'une fleur :
Si ma fleur était brisée,
Je mourrais de ma douleur !

Dieu mit l'effet dans la cause,
L'ivresse dans la liqueur,
Le doux parfum dans la rose
Et ton amour dans mon cœur.
Ne crains pas qu'il s'évapore
Ni qu'il se perde épuisé ;
Je crois qu'il vivrait encore
Même après mon cœur brisé.

Lorsque l'Arabe distille
La rouge fleur de Tunis,

Et dans un vase d'argile
Tient ses parfums réunis;
Si le vase où tout repose
Se brise aux mains des Houris,
La douce odeur de la rose
Embaume encor ses débris.

LE SOUVENIR

Pour soulager dans leur souffrance
Ceux qui pleuraient sans avenir,
Dieu fit un frère à l'Espérance,
Et le nomma le Souvenir:

Le Souvenir, ange fidèle,
Qui pleure sur les trépassés,
Et qui réchauffe sous son aile
Les cœurs mortellement blessés.

Nulle douleur ne lui résiste,
Quand son œil tendre et langoureux
Montre à notre âme qui s'attriste
L'ombre d'un passé plus heureux.

Le Souvenir a quelque charme,
Même lorsque du gouffre amer
On ne rapporte qu'une larme,
Comme une perle de la mer.

Mais le Souvenir, quand on aime,
C'est écouter de douces voix,
C'est faire vivre la mort même,
C'est naître une seconde fois.

Il semble qu'une clarté pure
Luit sur notre front abattu,
Quand l'ange consolant murmure
Ce doux mot : — Te rappelles-tu ?

Te rappelles-tu notre joie
Quand, sur les bords irréguliers
Où la Creuse indolente ondoie,
Nous rêvions sous les peupliers ?

Te rappelles-tu la nacelle
Où tous, en chantant nous glissions,
Oubliant, hélas ! qu'avec elle
Le temps fuyait et nous passions ?

Te rappelles-tu notre ivresse,
En ces jours par le ciel bénis ?
Te rappelles-tu la tendresse
Qui nous a pour jamais unis ?

Je pars et j'emporte ces choses
Pour me consoler en chemin,
Comme on garde un bouquet de roses
Qui s'est fané dans une main.

De ce passé, fleur idéale
Qu'en moi-même j'enfermerai,
Je respirerai le pétale
Précieux et décoloré.

Là-bas, dans ma triste demeure
Où le temps semble se traîner,
Ces beaux jours enfuis comme une heure,
Viendront souvent m'illuminer.

De ses mains tendres et timides
Le Souvenir, ange pieux,
Touchant mes paupières humides,
Essuira les pleurs de mes yeux.

Il viendra, quand la nuit m'enlève
Au souci toujours renaissant,
A travers le prisme du rêve
Me peindre ton sourire absent;

Plus rapide qu'un trait de flamme
De l'un à l'autre il volera;
D'une même voix, dans ton âme
Et dans la mienne, il parlera.

Plus tard, si je reviens encore
Dans ces lieux féconds en beaux jours,
L'ange au consolant météore
Sur nous resplendira toujours,

Et confondant nos cœurs fidèles
Dans d'ineffables entretiens,
Quand je dirai : — Tu te rappelles?
Tu répondras : — Je me souviens !

Saint-Gaultier, 22 septembre 1854.

LARME ET PERLE

— Où vas-tu, perle brillante
Qui sors du fond de la mer?
— Où vas-tu, larme brûlante,
De la douleur fruit amer?

— Moi, d'une couronne altière
Je vais orner le milieu.
— Moi, je porte la prière
Et le deuil d'une âme à Dieu !

LA NONNE ET LA FLEUR

Dans le jardin du monastère
Rougit une petite fleur.
La nonne pâle et solitaire
Admire en passant sa couleur.

— Hélas! petite fleur, dit-elle,
Comment sais-tu plaire au bon Dieu,
Qui nous a mises, toi si belle
Et moi si triste, au même lieu?

La fleur lui dit : — Tout est mystère.
Ne te plains pas; ton sort vaut mieux :
Je suis une fleur de la terre,
Tu seras une fleur des cieux!

L'ARBRE MORT

ÉLÉGIE COURONNÉE AUX JEUX FLORAUX

A MON CHER BEAU-PÈRE J. M. H. BOISSEL

Ne le détruisez pas l'arbre mort du verger,
Par la mousse envahi, dévoré par l'insecte.
Le feuillage au printemps ne vient plus l'ombrager ;
Il est mort ; que pourtant la hache le respecte.

C'est un vieux serviteur. La pomme aux sucs de miel
A bien longtemps rougi sur ses branches pliantes ;
Dépouillé maintenant, il dresse vers le ciel
Ses rameaux nus pareils à des mains suppliantes.

Il est mort. Mais debout. Laissez-le tomber seul.
Qu'importe un jour de plus ! J'aime les mousses blanches,
Le lierre serpentant qui lui forme un linceul,
Et la vigne qui monte à l'assaut de ses branches.

Lentement il se tisse un verdoyant manteau
Des arbustes grimpants qu'il emprunte à nos haies,
Le sauvage églantier, la ronce, le sureau,
Tantôt couverts de fleurs, tantôt chargés de baies.

Il a de l'herbe au pied, de la verdure au front;
L'abeille y vient pomper ses odorants mélanges;
L'hirondelle, en passant, se suspend au vieux tronc,
Et sous l'écorce creuse est un nid de mésanges.

Il faudrait donc flétrir toute cette gaîté,
Chasser ce qui verdit et voltige et fourmille;
Faire mourir deux fois l'arbre, ressuscité
Par la fleur qui parfume et l'oiseau qui babille?

Si ce n'est par respect pour ce triste débris,
S'il ne fait plus pitié, lui qui faisait envie;
Que ce soit par égard pour ses hôtes chéris :
Pardonnons à la mort en faveur de la vie.

Ne ressemblons-nous pas, vivants insoucieux,
A ce linceul fleuri jeté sur un cadavre?
Nous aussi nous portons, sous des masques joyeux,
Au plus profond du cœur quelque trait qui nous navre.

Nous enivrons nos maux d'espérance et d'amour;
Oubliant Dieu qui veille au fond du sanctuaire,
Nous dormons, le temps fuit, et la mort chaque jour
Fait du lit un cercueil et du voile un suaire!

La vie est le manteau qui couvre le trépas;
Sur l'éternelle nuit c'est un rayon qui passe;
La tombe est sous les fleurs; ah! ne déchirons pas
Ce vêtement léger qui pare sa surface.

Épargnons l'arbre mort, emblème amer et doux ;
Laissons, chaque printemps, la clémente nature
Sur ses rameaux étendre, avec un soin jaloux,
Son velours plus épais de fleurs et de verdure.

L'Étang, 23 septembre 1852

A DES AMIS ÉLOIGNÉS

Ainsi que l'Océan le cœur a son reflux !
On se quitte, on se perd et l'on ne se voit plus ;
Pourtant on garde en soi d'intimes sympathies
Que l'espace et le temps n'ont jamais amorties.
L'ange du souvenir, l'ange à la douce voix
Vous reparle bien bas des heures d'autrefois.
Lentement, par degrés, l'hymne pieux s'élève ;
On sent couler des pleurs, on espère... et l'on rêve..!
O mystère indicible ! ô vœux irrésolus !
Ainsi que l'Océan le cœur a son reflux.

ILLUSIONS PERDUES

TABLEAU DE M. GLEYRE

MUSÉE DU LUXEMBOURG

Le connaissez - vous ce tableau,
Plein d'un charme rêveur dont mon âme est ravie :
Par un beau soir un homme assis au bord de l'eau,
Voit fuir LA BARQUE DE LA VIE?

C'est un homme au front déjà vieux,
Vieux par les passions plus que par les années,
Chargé du poids qui rend les cœurs plus soucieux
Et les têtes plus inclinées.

Sur l'onde, liquide saphir,
L'esquif que suit à peine un sillage de moire,
Glisse au lointain. Sa voile est de pourpre d'Ophir,
Et son gouvernail est d'ivoire.

Au son d'accords délicieux,
Chargé de beaux amants, de belles jeunes femmes,
(Des fleurs ornent leurs fronts; la flamme est dans leurs yeux,
Le fiévreux bonheur dans leurs âmes),

Il emporte au courant des flots
L'espoir, l'enivrement, l'allégresse volage,
Les jours tant prodigués qu'on pleure à longs sanglots,
  Et tout le printemps du bel âge.

On croit sentir, on sent l'amour,
Qui répand son délire en effluves fécondes,
Dans l'horizon baigné par un reste de jour,
  Dans l'azur des cieux et des ondes.

Au sommet irisé du ciel,
L'étoile de Vénus, paresseuse et brillante,
Semble de ses clartés blondes comme un doux miel,
  Baiser la nacelle indolente.

Telle, sur les mers d'Orient,
Flotta jadis la nef qui portait Cléopâtre :
Ainsi le frêle esquif, fantôme souriant,
  Se perd à l'horizon bleuâtre.

Il descend au courant fatal ;
Un instant et tout passe...! Adieu, jeunes et belles!
Adieu, plaisirs, amours! Adieu, frais idéal!
  Adieu, vous tous, chers infidèles!

Et le vieillard regarde avec un long remord ;
Il regarde! A ses pieds tout est noir, tout est mort ;
Le rivage est désert, les roses sont flétries.
Plus d'insecte dans l'herbe ou d'oiseau dans les bois ;

Nul bruit que l'eau qui coule avec sa morne voix,
    Entre les rives assombries.

Eau verdâtre et plaintive, et ressemblant si peu
A ce flot murmurant, plein de joie et de feu,
Qui, sur le sable d'or, sous la lumière vive,
Roulait ses diamants, ses perles, ses rubis;
Dont l'écho redisait le joyeux cliquetis
    Aux arbres penchés sur la rive.

Puis, quand il voit au loin ces femmes aux doux yeux,
Ces lyrés qu'il touchait d'un doigt mélodieux,
Ces écharpes d'azur que lui-même a données,
Ces grâces, ces chansons, ces fronts au pur éclat,
Ces chevelures d'or sur un cou délicat
    Au vent qui passe abandonnées;

Quand il a reconnu ces fêtes de l'amour,
Ces poëmes si longs qui durent un seul jour,
Ces siècles de plaisir qu'en une heure on embrasse :
« — Hélas! dit-il, hélas! parfums de l'être aimé,
Grâces, rires, chansons, tout ce qui m'a charmé,
    Voilà ma jeunesse qui passe.

« Elle passe! elle a fui! Jeunesse, joyeux temps,
O nacelle! ô vous tous, amis de mon printemps,
Attendez-moi! fermez cette voile de soie!
M'abandonnerez-vous sur ces bords écartés?
Ingrates et cruels, quoi! sans moi vous partez,
    O vous, les enfants de ma joie! »

Pleurs douloureux mais vains ! Tout est illusion.
— L'amour? — Rêve trompeur ! — La barque? — Vision !
— Les joyeux compagnons et les belles? — Fantômes !
Ce qui n'est que trop vrai, malheureux délaissé,
C'est que ta coupe est vide et ton printemps passé,
         C'est que tes fleurs n'ont plus d'aromes !

La barque enchanteresse est partie à jamais ;
Tous, amantes, amis, pendant que tu dormais,
T'ont quitté sans regret pour la nouvelle fête.
Et, si jamais l'esquif revient une autre fois,
Tu seras étendu sous l'herbe où tu t'asseois...
         Résigne-toi, courbe la tête !

HARMONIE

Au fond des bois, l'été, quand les brises tiédies
Passent en frémissant à travers les rameaux,
Vous avez entendu se fondre en mélodies
Les bruits vagues de l'air, des feuilles, des oiseaux?

Depuis l'arbre géant où monte à flots la séve,
Jusqu'à l'herbe où les fleurs ouvrent leurs encensoirs;
Du vermisseau qui rampe, à l'oiseau qui s'élève;
Des vapeurs des matins, à la tiédeur des soirs;

Ce mélange de chants, de parfums, de lumière,
S'unit dans un accord puissant et solennel;
Concert mystérieux que la nature entière,
Dans sa reconnaissance, adresse à l'Éternel.

De l'être le plus nul dans l'échelle infinie
Le refrain monotone est lui-même agréé;
Tout s'épure et concourt à la grande harmonie;
Dieu semble se complaire en ce qu'il a créé.

Parfois même on croirait entendre dans l'espace
Un prélude plus tendre et plus délicieux,
Comme si, répondant à cet hymne qui passe,
Un autre hymne sans fin nous arrivait des cieux.

C'est que, dans cet instant, à nous Dieu se révèle,
Et que sa voix ressort parmi toutes ces voix;
C'est que notre univers est la lyre immortelle
Qui chante sa grandeur en vibrant sous ses doigts !

L'INCENDIE EN MER

Vogue, navire ; étends tes voiles
Entre le ciel brillant d'étoiles
Et la mer abîme béant.
Sous ta mâture à triple tête,
Pourrais-tu craindre la tempête,
Toi, monarque de l'Océan ?

Vogue à travers la nuit limpide !
Mais que vois-je ? Un éclair rapide
S'est élancé de ton flanc noir ;
Un bruit sourd gronde en ta carène,
Et la voix de ton capitaine
Jette un long cri de désespoir.

— De l'eau ! de l'eau ! c'est l'incendie !
Réveillez la foule engourdie
Des matelots dans l'entre-pont !
Partout le cri fatal résonne.
Le feu que la cale emprisonne,
Écho sinistre, lui répond.

2.

Partout on s'empresse, on s'élance ;
De la pompe qui se balance
L'eau jaillit et coule à longs flots ;
Mais la flamme grandit plus vite,
Et déjà le pont qui crépite
Brûle les pieds des matelots.

Il s'élève, l'hôte implacable,
Dans les mâts, sur le moindre câble ;
Et, comme un linceul agité,
Se déroule le flot avide ;
Et la lueur s'étend, livide,
Sur l'effrayante immensité.

Plus d'espoir ! les marins s'embrassent ;
Les bras douloureux s'entrelacent
Dans un long et funèbre adieu.
Les pleurs confus et la prière
Montent, espérance dernière,
Jusqu'au trône éternel de Dieu.

Nous entend-il, le divin maître ?
Oui ! Vers lui notre voix pénètre.
La mer envahit notre bord,
Le feu redouble sa furie ;
Mais soudain une voix s'écrie :
Une voile ! une voile, au nord !

Salut à toi, brick intrépide !
C'est un jeune homme qui te guide,

C'est un jeune homme aux noirs cheveux.
Il te conduit d'une main forte;
Le vent rapide qui l'apporte
Est moins rapide que ses vœux !

Il vient, béni par deux cents âmes,
Sur le vaisseau rongé de flammes;
Le premier élancé c'est lui.
A ceux que la force abandonne,
Aux blessés, aux mourants, il donne
L'espoir, le courage et l'appui.

L'œil éclatant, l'âme hardie,
Il est debout dans l'incendie
Tant qu'il reste un être en danger ;
Puis, le dernier, pensif et sombre,
Il quitte le vaisseau qui sombre
Et que la mer va submerger.

Alors sa voix plaint et console ;
Il a pour tous une parole,
Pour tous un serrement de main ;
Et puis, retournant en arrière,
Sur une plage hospitalière
Les pose... et reprend son chemin.

Avant de nous fuir, ô jeune homme,
Dis-nous de quel nom l'on te nomme;
Et les matelots affligés
Imploreront le Dieu suprême,

Afin qu'il te protége et t'aime,
Toi qu'il envoie aux naufragés.

Combien aux bords qui t'ont vu naître,
On doit aimer à te connaître !
Béni pour le bien que tu fis
Tu dois n'avoir pas d'heure amère.
Qu'heureuse doit être ta mère
D'avoir mis au monde un tel fils !

Ceux que tu sauvas dans ta route
Ne sont pas les premiers sans doute
Que tu rends à leur cher pays.
Est-il un plus cruel partage
Que de mourir loin du rivage
Où sont morts ceux qu'on a chéris?

Le jeune homme, sans leur rien dire,
Tristement se prit à sourire,
Puis s'éloigna comme à regret.
Quand son vaisseau tourna la proue,
Des pleurs, dit-on, mouillaient sa joue;
Mais il emporta son secret.

RÊVES DE JEUNE FILLE

Qui pourrait dire à quoi rêve la jeune fille,
Quand ses yeux sont noyés d'une tendre langueur,
  Quand une larme y brille,
Liquide diamant qui monte de son cœur?

Qui pourrait dire où vont tant d'inconstantes choses?
Le vent sur la colline et l'insecte au soleil ;
  Où va l'odeur des roses
Et l'âme à qui la mort est peut-être un réveil?

Elle est jeune, elle rêve... à quoi donc? le sait-elle?
Quel œil a mesuré ces infinis sommets,
  Dont la pente éternelle
Montre sans cesse un but que l'on n'atteint jamais?

Est-ce le souvenir qui remplit sa pensée?
Elle retrouve un front cher à ses premiers ans,
  Une lèvre glacée
Qui ne lui rendra plus ses baisers caressants.

Mélange amer et doux de douleurs et d'ivresses,
Elle entrevoit son père en un rêve insensé,
            Et sur ses brunes tresses
Croit sentir une larme où son âme a passé.

Elle épanche en lui seul ses tendres rêveries;
Ineffable entretien où l'esprit se confond,
            Muettes causeries
Où la vie interroge, où la tombe répond.

Elle part avec lui vers la lointaine rive
Où sa meilleure amie, absente pour toujours,
            Volontaire captive,
Au culte du Seigneur a consacré ses jours.

Sublime sacrifice, amer et doux mystère,
A l'invisible époux faire d'éternels vœux,
            S'exiler de la terre,
Et sentir l'acier froid grincer dans ses cheveux !

Il serait beau d'aller s'ensevelir près d'elle,
De prier dans son cloître en l'appelant : Ma sœur !...
            Pourtant la vie est belle
Et l'on tourne si bien au bras d'un bon valseur !

O le bal ! Quand l'orchestre aux bruyantes cymbales
Entraîne en les berçant les couples radieux,
            Qui suivent leurs spirales
Et murmurent tout bas des mots mystérieux !

Quand sur l'or, les bijoux et la soie et la gaze
Les lustres vont semant leurs mobiles clartés ;
Quand une folle extase
Remplit l'air de parfums, le cœur de voluptés !

Parmi tous les danseurs empressés autour d'elle,
Savez-vous le jeune homme auquel elle eût le mieux
Aimé paraître belle,
Celui qu'elle voyait sans le suivre des yeux ?

Est-ce le rêveur blond à la fine moustache,
Celui dont l'esprit fin s'aiguise tous les soirs ?
Ou le cœur qui se cache
Sous ces yeux bleus profonds voilés de longs cils noirs ?

Est-ce enfin...? O cœur jeune ! ô volcan tiède encore !
Lequel lui plaît de ceux qui volent sur ses pas ?
Peut-être elle l'ignore,
Et moi, si je le sais, je ne le dirai pas.

Pourtant tu te penchais souriante et vermeille
Quand il tenait ton bras à son bras suspendu,
Te glissant à l'oreille
Un murmure confus plus compris qu'entendu.

Et tu penses encore à ton dernier quadrille ;
Tu fais germer le grain qu'il semait en jouant.
Prends garde, jeune fille !
Comme toi pure, Elvire a rencontré Don Juan !

De fantômes trompeurs sois moins préoccupée :
Reviens plutôt aux jours où, d'un air triomphant,
      Tu berçais ta poupée,
Te croyant une mère auprès de ton enfant.

Un enfant! c'est l'orgueil, le bonheur de la femme!
Un sourire d'enfant, c'est le ciel entr'ouvert ;
      Son baiser, pur dictame,
Peut guérir en un jour tout ce qu'on a souffert.

Jeune fille! la femme est la manne éternelle.
Consoler, c'est le rôle à sa vie ordonné.
      Combien la femme est belle
Entre sa vieille mère et son fils nouveau-né!

Car elle sait sourire et pleurer tout ensemble ;
Car elle sait donner un courage nouveau
      A tout être qui tremble,
Pour entrer dans la tombe ou sortir du berceau!

FLEUR SÉCHÉE

J'aime à trouver dans un vieux livre
Un pétale de fleur séché ;
Je m'imagine y voir revivre
Quelque doux souvenir caché.

Je veux en deviner l'emblème,
Et je l'interroge tout bas.
Disait-il : — Aime-moi ; je t'aime !
Disait-il : — Ne m'oubliez pas !

J'examine avec soin les lignes
Où le pétale fut placé :
Ont-elles gardé quelques signes
D'un rêve à jamais effacé ?

Sur le livre, inclinés ensemble,
Elle et toi lisiez-vous tous deux ?
Sentais-tu sur ton front qui tremble
Le frisson de ses noirs cheveux ?

Regardais tu son doigt timide
S'arrêter sur le mot amour,
Ce doux mot qui rend l'œil humide
Et qui fait rêver tout un jour?

Elle, qui se prit à sourire,
D'une fleur marqua le feuillet ;
Et son regard cessa de lire,
Car son jeune cœur tressaillait.

Elle suivait sa rêverie,
Oubliant sa main dans ta main,
Et le livre et la fleur flétrie
Avaient glissé sur le chemin.

Ils ne lurent pas davantage ;
Le feuillet demeura fermé ;
Mais la fleur, au muet langage,
Y reste, et dit : — Ils ont aimé...!

TRISTESSE

SONNET

Est-il rien de plus triste à l'âme solitaire
Que de se rappeler le temps qui fut heureux?
Les oiseaux sont partis; voici l'automne austère;
Le bois secoue au vent ses feuillages nombreux.

Ils ont fui tour à tour ceux qui m'aimaient sur terre;
Emportant un lambeau de mon cœur douloureux,
Ils se sont envolés au pays du mystère :
Dépouilles des forêts, vous retombez sur eux !

Du bonheur fugitif n'êtes-vous pas l'emblème?
Chaque jour je m'attriste en vous voyant jaunir;
La mort qui vous moissonne effleure mon front blême,

Et j'ai besoin, pour croire encore à l'avenir,
Que ta voix consolante, en me disant : Je t'aime!
M'empêche de penser et de me souvenir.

LES AMES

Au premier jour, quand Dieu créa les âmes,
Il les forma pour aller deux par deux,
Pour s'éclairer de mutuelles flammes,
Pour s'entr'aider dans leur vol hasardeux.

Mais le démon les chassa vers le gouffre,
Foule confuse en proie au ravisseur.
Depuis ce temps chaque âme pleure et souffre
En appelant l'âme qui fut sa sœur.

O désespoir! ô tourment de la vie!
Chercher en vain, dans l'ombre, loin du jour,
Cette âme sœur, à notre âme ravie,
Et que Dieu fit pour notre unique amour!

Mais quand Dieu veut que deux âmes pareilles
Puissent ensemble accomplir leur chemin,
Il leur ent'rouvre un Éden de merveilles,
Un avenir qui n'a plus rien d'humain.

Sainte union de deux cœurs qui s'entendent,
De deux flambeaux qui ne forment qu'un feu!
De tels bonheurs dans les cieux nous attendent
C'est sur la terre un sourire de Dieu!

LE NOM DE MA MÈRE

Alide, tu sais comme on aime
Celle de qui l'on tient le jour ;
De Dieu sa tendresse est l'emblème :
Il n'est pas de plus pur amour.

Alide ! il dort sous un blanc voile,
Il s'est fermé l'œil maternel
Qui me guidait, limpide étoile,
Rayon de l'amour éternel.

Tu portes le nom de ma mère,
De ma mère que j'aimais tant ;
Doux nom plein d'une ivresse amère,
Mon cœur palpite en l'écoutant !

Si quelqu'un te nomme ou t'appelle,
Ému soudain à cette voix,
Je tressaille ; je me rappelle ;
Je pleure et souris à la fois.

Ce nom sacré trouble et caresse
Les fibres de mon cœur blessé ;
C'est comme un parfum de tendresse
Que sur toi ma mère a versé.

Ce nom lui seul n'est pas la cause
De ma fraternelle amitié ;
Mais il y donne quelque chose
De pur et de sanctifié.

J'aime ta gaîté, mon Alide ;
J'aime tes gracieux accents ;
Mon front soucieux se déride
A tes sourires caressants.

Je cherche quelque ressemblance,
Écho de moi seul entendu,
Entre toi, vivante espérance,
Et l'être aimé que j'ai perdu.

Je veux que le nom de ma mère
Soit une étoile sur ton front :
Jamais en ce monde éphémère
Plus de vertus ne fleuriront.

On eût dit, tant elle était bonne,
Que l'ange de la piété
Tenait sur elle une couronne
De lumière et de pureté !

La splendeur de sa noble tête
N'était pas la beauté d'un jour
Que le temps en passant nous prête
Et qu'il nous reprend sans retour,

C'était la flamme intérieure,
L'éclat, rayonnant au dehors,
D'une âme plus tendre et meilleure
Que les âmes des autres corps ;

Un je ne sais quoi de céleste
Qui faisait de son cœur mortel,
A la fois sublime et modeste,
Le tabernacle d'un autel.

Demande à Dieu dans ta prière
Qu'il t'accorde le même don.
Mon Alide, sois héritière
De son cœur comme de son nom.

Car, toujours humble et salutaire,
Elle allait répandant le miel :
C'était un ange sur la terre ;
C'est une sainte dans le ciel !

Saint-Gaultier, septembre 1854.

L'AIMANT

SONNET

La connais-tu l'étoile immuable, éternelle,
    Qui brille au pôle froid ?
Il est un métal noir qui se tourne vers elle :
    Il la sent, il la voit !

Ce métal, c'est l'aimant ; c'est le guide fidèle
    Que le marinier croit.
De l'œil il le consulte, et conduit sa nacelle
    Dans un sillon plus droit.

Il est de même en nous une sûre boussole ;
Elle tourne à celui qui soutient et console
    En tout temps, en tout lieu ;

Cet infaillible aimant s'appelle conscience ;
Le connaître et le suivre est toute la science ;
    Car son étoile est Dieu !

A UNE LETTRE

Triste et cher souvenir de son amitié morte,
Des jours qui ne sont plus, toi qui viens me parler,
Sous mes doigts, sous mes yeux, ô lettre, qui t'apporte?
    Tu ne peux plus me consoler !

D'une fidèle main je te croyais tracée,
O lettre ! je t'ouvrais comme on ouvre un trésor,
Puis, après t'avoir lue, au fond de ma pensée
    Longtemps je te lisais encor.

Dans chaque mot puisant une sainte assurance,
Confiant au bonheur que tu me promettais,
Je chantais dans mon âme un hymne d'espérance
    O lettre ! et pourtant tu mentais.

Un jour tout a fini ! Pourquoi? Qui peut le dire?
Le caprice a repris ce qu'il avait donné;
En regard dédaigneux s'est changé le sourire :
    Le vent qui souffle avait tourné.

Que Dieu m'en soit témoin! Je suis resté le même;
Douloureux et meurtri; je n'ai point varié,
Et comme je l'aimais en ce temps-là, je l'aime
    D'une fraternelle amitié.

Puisse son cœur jamais ne connaître la peine
Dont il m'a fait souffrir, moi qui l'aime si bien!
Puisse-t-il rencontrer parmi l'espèce humaine,
    Beaucoup de cœurs tels que le mien.

Soyons donc patient. Le bonheur est chimère;
Un jour je cesserai de vivre et de souffrir.
Si l'amitié trahit, si la vie est amère,
    · Il sera plus doux de mourir.

Le souvenir est lourd au malheureux qui souffre,
Et l'espoir est amer, qui ne s'est pas rempli.
De mon cœur déchiré, mon Dieu, fermez le gouffre;
    Par pitié donnez-moi l'oubli!

Lettre funeste, adieu! Que le feu te dévore!
Je suis las de souffrir!..... Souffrir! c'est espérer!
Non! Malgré moi je doute et je te garde encore...
    Je veux souffrir! je veux pleurer!

LA PREMIÈRE VIOLETTE

Oh ! comme il rassérène l'âme
Ce nouveau soleil de printemps !
Comme il fait renaître à sa flamme
Les fleurs et les oiseaux chantants !

La violette, sous la haie,
S'est ouverte au pied des ormeaux,
Où le lézard vert, qui s'effraie,
Glisse et fait trembler les rameaux.

Première fleur, nouvelle éclose,
Qu'on a de joie à te cueillir ;
Goutte de parfum pur, enclose
Dans une coupe de saphir !

Avec le cœur on te respire ;
A tant d'espoirs tu fais penser,
Violette, premier sourire
Du printemps qui va commencer !

Combien caches-tu de promesses
Dans tes plis frêles et soyeux ?
Combien exhales-tu d'ivresses
De ton urne couleur des cieux ?

Verse en moi ta douceur secrète ;
Viens sur mon cœur, frêle trésor.
Ne sens-tu pas, ô violette !
Qu'il palpite et qu'il aime encor ?

A MARIE MORTE

Je ne pourrai jamais passer par cette rue
      Sans être atteint d'un sombre ennui,
Sans y pleurer sur vous, pauvre âme disparue,
      Astre charmant, trop vite enfui.

Je ne pourrai jamais revoir cette fenêtre
      Où vos yeux brillèrent souvent,
Sans croire que soudain vous allez apparaître
      Sous les plis du rideau mouvant.

C'est dans cette maison que vous viviez, Marie,
      Comme un oiseau parmi des fleurs;
Maison gaie autrefois, aujourd'hui défleurie,
      Nid pillé par des oiseleurs.

Aujourd'hui, quand je songe à ces rapides heures
      Que nous passions auprès de vous,
A l'aimable gaîté qui peuplait vos demeures,
      A vos rires brillants et doux;

4

Quand je songe comment nous dépensions la vie,
      En prodigues, sans rien compter,
Sans penser que soudain vous nous seriez ravie
      Et qu'il nous faudrait vous quitter,

Je crois que c'est un rêve et que, rieuse encore,
      Demain vous serez de retour;
Comme au sein de la nuit on compte sur l'aurore,
      Comme on pressent le point du jour.

Le jour n'éclora plus; l'espérance est trompée!
      Adieu, Marie, un long adieu!
Votre corps s'est flétri comme l'herbe coupée;
      Votre âme est retournée à Dieu.

Je crois vous voir encor brisée en votre couche
      Par tant de maux multipliés;
A peine entendait-on passer, sur votre bouche,
      Un murmure quand vous parliez;

Sans l'éclat dont brillait votre prunelle noire,
      Sur votre effrayante pâleur,
J'aurais cru voir en vous une Vierge d'ivoire,
      Sortant des mains du ciseleur.

Vous étiez déjà morte, ô ma blanche martyre!
      Vos yeux seuls gardaient un éclair;
Mais ce dernier regard cherchait à nous sourire,
      Pâle comme un rayon d'hiver.

Et vous redemandiez votre terre natale ;
    Son soleil vous devait guérir ;
Et vous disiez qu'au mois des roses du Bengale
    Vous alliez aussi refleurir !

Vous berciez-vous vraiment avec cette chimère?
    Ou, plutôt, ne vouliez-vous pas
Aller mourir aux bords où mourut votre mère,
    Et vous endormir dans ses bras?

Vous reposez près d'elle. Heureux qui, jeune encore,
    Peut retourner à l'Éternel !
Heureux qui dans les champs témoins de son aurore,
    S'endort au tombeau maternel !

Paris, décembre 1856.

AUX PÈRES TRAPPISTES

DE FONTGOMBAULT

Que vous êtes heureux, ô vénérables Pères !
Couverts de vos habits comme d'un blanc linceul,
Vous coulez dans l'oubli des jours purs et prospères ;
Si vous vivez encor, ce n'est que pour Dieu seul.

Non, vous ne vivez plus. Vos âmes, délivrées
De ce qui leur restait des fanges d'ici-bas,
Au culte du Seigneur sont toutes consacrées,
Et le monde est pour vous comme s'il n'était pas.

Vous n'avez plus de noms dans les langues mortelles ;
Vous êtes les brebis du troupeau du Seigneur ;
Pour remonter à lui votre âme a pris des ailes :
Votre vie est le deuil, votre mort le bonheur !

Rapprochés par l'amour, de Dieu, ce père tendre,
Vous lui parlez tout bas quand il nous faut crier.
O mes Pères, priez, vous que Dieu sait entendre,
Pour une âme qui doute et n'ose pas prier.

MYSTÈRES

Il est des fleurs qui n'ouvrent leurs calices
Qu'à l'heure où l'ombre enveloppe les cieux;
Il est des cœurs qui mettent leurs délices
A pleurer seuls un deuil mystérieux.

Mais, en passant près de ces fleurs nocturnes,
Lorsque sur nous la nuit est de retour,
J'aime à sentir s'élever de leurs urnes
Ces parfums purs, plus doux que ceux du jour.

Près de ces cœurs mon âme est avertie;
Je compatis à leurs soupirs perdus;
J'aime à sentir la tendre sympathie
Mouiller mes yeux de pleurs inattendus.

Vers vous, ô fleurs, rivales des étoiles!
Avec amour je dirige mes pas;
Vers vous, ô cœurs enveloppés de voiles!
Mon cœur s'élance en murmurant tout bas:

« C'est vainement qu'au milieu des nuits sombres
D'un voile épais vous cachez votre émoi,
Je saurai bien vous trouver dans vos ombres
Pour vous aimer et vous dire : Aimez-moi!

« Discrètes fleurs qui n'ouvrez vos calices
Qu'à l'heure où l'ombre enveloppe les cieux;
Timides cœurs, qui mettez vos délices
A pleurer seuls un deuil mystérieux! »

LE SPECTRE DU FIANCÉ

I

Quand tu danses, rieuse, et brillante, et parée
    Ne vois-tu pas
De ton fiancé mort la figure effarée
    Qui suit tes pas?

Dans un gai tourbillon quand la valse t'emporte,
    Parmi les fleurs,
Ne vois-tu pas tourner la tête pâle et morte
    Du spectre en pleurs?

Tu l'avais oublié; mais quelqu'un par mégarde,
    L'ayant nommé,
Tu crois l'apercevoir, là-bas, qui te regarde
    Inanimé!

Un voile est sur ta vue, et les lustres pâlissent.
    Leurs feux tremblants

Montrent le bal peuplé de fantômes, qui glissent
      Muets et blancs.

L'orchestre ne murmure à ton oreille étreinte
      Qu'un chant de deuil;
Les rires des danseurs te semblent une plainte
      Sur un cercueil.

L'effroi serre ta gorge, et le frisson agite
      Ton corps joyeux,
Et des pleurs ont monté, de ton cœur qui palpite,
      Jusqu'à tes yeux.

II

    Danse, jeune fille, danse;
    Il est mort depuis six mois;
    Ce n'est pas aux morts qu'on pense;
    Ce n'est pas aux cercueils froids!

    L'oubli sied bien aux fronts roses.
    Te souviendras-tu demain
    De ces fleurs à l'aube écloses
    Pour se faner dans ta main?

    Elles n'auraient pas peut-être,
    Pour parer ton front si beau,
    Eu le temps qu'il faut pour naître
    Sur l'herbe de son tombeau.

Danse, danse! mais redoute,
Une nuit, après le bal,
A l'heure sombre où l'on doute,
De voir le spectre fatal.

Sa voix morte, pour la danse,
Comme autrefois te prîra;
Son bras osseux, en cadence,
A ton corps s'enlacera.

Ta joue ardente de fièvre,
Tes cheveux blonds et soyeux
Toucheront ses dents sans lèvre
Et ses orbites sans yeux.

Toi, frissonnant sous tes voiles,
Tu suivras ses pas pressés,
A la lueur des étoiles
Dans le champ des trépassés.

Le vent nocturne, qui pleure
Comme la voix du remords,
Dans les cyprès qu'il effleure
Dira de tristes accords.

Et tous deux, par les ténèbres,
A travers mille détours,
Entre les dalles funèbres,
Vous irez valsant toujours.

III

Enfin tu faibliras par le spectre enlacée...
    Tes pleurs amers t'éveilleront,
Pâle, sentant toujours son étreinte glacée
    Et son baiser froid sur ton front.

Chassé par les plaisirs que ramène l'aurore
    Il fuira le rêve insensé ;
Mais, la nuit, tu craindras de voir paraître encore
    Le fantôme du fiancé.

NOTRE-DAME DU SAULE

Sauvez l'enfant qui meurt et qu'emportent les ondes!

Elle était sur le bord, nattant ses tresses blondes,
Et son tout petit frère, encor presque au berceau,
Sur l'herbe allait cueillant des fleurs le long de l'eau.
Il s'approche, imprudent! Sur le fleuve il se penche
Vers un beau nénufar à la fleur rose et blanche;
Il glisse, il se débat, pousse un cri déchirant.
Sa sœur l'entend, le voit; elle est dans le courant;
Sans prévoir le danger, elle nage, elle arrive,
Et d'un prompt mouvement le rejette à la rive.
Mais, l'enfant préservé, son courage a faibli :
Le fleuve impétueux l'entraîne en son repli.

— Ah! je meurs, cria-t-elle, au secours, sainte Vierge!

Personne, en ce moment, ne passait sur la berge;
Mais sa main rencontra, dans un suprême effort,
Un saule qui pencha ses longs rameaux du bord.

Le tout petit enfant a conté qu'une Dame,
Dont les beaux vêtements brillaient comme la flamme,
Avait planté soudain le saule dans ce lieu.
Je crois que c'était vous, sainte mère de Dieu ;
Car les bons villageois, dans leur ferveur naïve,
Vous ont, depuis ce jour, consacré cette rive.
En signe de salut, leurs mains ont attaché
Votre image au vieux tronc sur le fleuve penché ;
Et le soir, en passant, la bêche sur l'épaule,
Ils invoquent tout bas Notre-Dame du Saule.

L'ŒIL DU LÉZARD

Regarde ! il court, il glisse, il rôde,
Vif et léger ; charmant à voir,
Des vieux murs vivante émeraude,
Le lézard a l'œil de jais noir.
Sous le lierre qui le recèle,
Il est trahi par son regard.
J'aime à voir, comme une étincelle,
Briller l'œil charmant du lézard.

Un œil noir en forme d'amande,
Doux en face et fiér de côté ;
Un œil qui supplie et commande,
Un œil ardent et velouté ;
A la fois puissant et timide,
De fasciner possédant l'art,
Étincelant sans être humide,
Tel est l'œil charmant du lézard.

Tel est aussi ton œil que j'aime,
Ton œil qui m'atteint jusqu'au cœur,
Soit qu'il ait la douceur suprême,
Soit qu'il ait le souris moqueur.
Voilà le rêve qui m'attire
Auprès des vieux murs à l'écart ;
Voilà pourquoi j'aime à voir luire
Le charmant œil noir du lézard.

LA FALAISE D'ÉTRETAT

A MARIE DÉSIRÉE

Laisse-moi revenir vers ces heures passées,
Et bercé sur ton cœur, dans mes rêves d'espoir,
Avec toi retourner, sur l'aile des pensées,
Vers le vaste Océan que je voudrais revoir.

Souviens-toi d'Étretat sur la grève isolée,
De la falaise abrupte où tous deux nous montions,
Des humbles toits blottis au pli de la vallée,
Comme au creux d'un rocher le nid des alcyons.

Souviens-toi de la mer. Combien elle était belle !
Fière, tumultueuse, amoncelant ses flots,
Elle frappait les rocs de sa tête rebelle :
Les rocs, pour lui répondre, éveillaient leurs échos.

Tantôt elle gonflait sa puissante poitrine,
Puis, rauque, rugissait et creusait ses sillons;
Puis, secouant au vent sa crinière marine,
S'élançait. On eût dit un troupeau de lions !

Devant nous s'élevait, creusé par les orages,
Un rocher qui semblait l'arche d'un pont géant,
Débris cyclopéen, témoin des anciens âges,
Par des Titans construit pour franchir l'Océan.

Cherchant vers cette cime une route inconnue,
Sous des cieux courroucés, malgré des vents amers,
Je voulais de ce point, qui touchait à la nue,
Embrasser d'un regard l'immensité des mers.

Les nuages s'ouvraient en torrents sur nos têtes :
Tu serrais tes deux bras sur le mien appuyés,
Tandis qu'autour de nous mugissaient les tempêtes :
L'orage sur le front ! l'orage sous les pieds !

A ce terrible aspect, chancelante, éperdue,
Enfant, plus près de moi tu cherchais un soutien.
Ton regard n'osait pas affronter l'étendue,
Et je sentais ton cœur palpiter sous le mien.

Tu voulais retourner vers la tranquille enceinte
D'où parfois s'élevaient des chants pieux et doux ;
Car les pêcheurs fêtaient alors la Vierge sainte,
Et leurs barques dormaient près des flots en courroux...

Tout à coup, du sommet des roches crevassées,
Le ciel et l'Océan s'ouvrirent devant nous.
Nos voix ne trouvaient plus de mots pour nos pensées :
Face à face avec Dieu nous étions à genoux !...

Le passé qu'on regrette et l'avenir qu'on rêve
Sont comme la falaise où nous avons monté ;
Le hameau des pêcheurs, étendu sur la grève,
C'est le passé tranquille avec regret quitté.

Le passé, d'où parfois nous reviennent encore
De lointaines gaîtés qu'on voudrait retenir ;
Comme l'écho des bois répète un chant sonore,
Quand l'oiseau s'est enfui pour ne plus revenir.

Le rocher c'est la terre où, l'un auprès de l'autre,
Ton cœur près de mon cœur et ta main dans ma main,
Nous suivons le sentier que le ciel fit le nôtre,
Confiants dans celui qui sait le lendemain.

Sans cesse aiguillonnés par le temps qui nous pousse,
Il faut marcher, gravir, toujours changer de lieu,
Foulant tantôt les rocs, tantôt la verte mousse,
Jusqu'au bord de l'abîme, où nous apparaît Dieu !...

Dieu qui nous a placés dans un monde où l'on doute ;
Mais qui veille d'en haut sur nos deux cœurs unis,
Mais qui se montre à nous, lumineux, sur la route,
Et nous dit dans l'orage : — Enfants, soyez bénis !

Dieu qui, nous élevant par ces tableaux sublimes,
Donne à l'homme, éperdu de leur immensité,
A l homme, grain de sable entre ces deux abîmes,
L'âme, qui d'un regard conçoit l'éternité.

LE CIMETIÈRE NEUF

Dans le cimetière aux murs blancs
Où ne repose encor personne,
Ont poussé des blés opulents,
Et pour le pauvre on y moissonne.

Seigneur, quelque jour, dans ces murs,
On moissonnera pour vos granges ;
Nos morts seront les épis mûrs,
Les moissonneurs seront vos anges.

Venus de votre ciel d'azur,
Ils feront la récolte humaine :
Gardant pour vous le froment pur
Et jetant la stérile graine.

Dans le cimetière aux murs blancs,
Faites, quand je serai sous l'herbe,
Qu'un de vos anges consolants
Me trouve assez mûr pour sa gerbe !

Saint-Gaultier, 9 septembre 1854.

LA FUTAIE

A MADAME R.....

Sous la verte futaie où les hêtres sublimes
S'élancent vers le ciel, gigantesques berceaux,
Et de leurs bras nombreux entrelacent les cimes,
Comme une cathédrale aux gothiques arceaux,

Quand le jour est brûlant je trouve une ombre douce ;
L'herbe étend sous mes pas son tapis de velours ;
Je m'arrête rêveur et, couché sur la mousse,
J'écoute les oiseaux qui chantent leurs amours.

Gais habitants de l'air, chantez ; troupe frivole,
Au hasard voltigez du tilleul à l'ormeau :
L'amour ainsi que vous est un oiseau qui vole
Et ne dort pas deux fois sur le même rameau.

Votre gaîté ressemble à ces légers feuillages
Qui parent tous les ans ce bois où nous passons ;
Elle tombe, comme eux, sous le vent des orages ;
Mais un autre printemps vous rend d'autres chansons.

'Vous, hêtres élancés, j'admire votre force.
Calmes, vous étendez votre manteau sur tous ;
Et les noms autrefois tracés dans votre écorce,
Plus profonds chaque jour, grandissent avec vous.

Pour vos légers amours chantez, oiseaux champêtres.
Je ne suis point jaloux de ce qui doit passer ;
Car mon cœur est semblable à l'écorce des hêtres :
Les noms qu'il porte empreints ne peuvent s'effacer.

Au Parquet. Juillet 1857.

Le matelot sait bien que les mers sont perfides,
Et pourtant il s'élance, à travers les écueils,
Sur ces flots orageux, dont les lèvres livides
    S'ouvrent comme autant de cercueils.

Le chien sait que le maître est cruel et colère
Et que le fouet barbare a déchiré son flanc ;
Cependant il revient lécher la main sévère
    Qui tient encor le fouet sanglant.

O mon cœur ! sa tendresse est pareille aux flots mêmes ;
Elle t'a flagellé de son rire moqueur,
Et pourtant tu reviens baiser ses pieds... tu l'aimes,
    O mon cœur, ô mon lâche cœur !

LA FÉE DE ROMEFORT

A MADAME LA COMTESSE DE B...

Madame, il me souvient de ce jour trop rapide
Où, m'ayant accepté pour votre chevalier,
Dans votre Romefort vous me serviez de guide :
Il est de ces bonheurs qu'on ne peut oublier.

Au sommet du donjon qui domine la plaine,
Je vous suivais, passant où vous aviez passé ;
Et du sombre manoir, aimable châtelaine,
Vous me ressuscitiez ce fantôme glacé.

Vous évoquiez ces preux dont l'âme fut si grande
Sous le pourpoint de soie ou l'armure en métal ;
Mais auprès de l'histoire il manquait la légende :
Il fallait une fée au donjon féodal.

On m'a, dans le pays, fait le récit étrange
D'une charmante fée errante aux alentours ;
Aux grâces d'une femme elle unit un cœur d'ange,
Et d'un castel voisin elle habite les tours.

Souvent à Romefort on la voit apparaître.
A sa voix le deuil cesse et le malheur finit;
Le pauvre qui l'invoque aussitôt sent renaître
En son cœur l'espérance, et tout bas la bénit.

Les enfants du hameau qui s'en vont à l'école,
Pour complaire à la fée apprennent leurs leçons;
Par elle, ils savent l'art de fixer la parole,
Et vont, joyeux oiseaux, lui chanter leurs chansons.

Des lettres, des beaux-arts aimant l'essor sublime,
Elle dérobe au temps ce qu'il allait flétrir;
Elle a l'âme qui crée et l'esprit qui ranime :
Ce qu'elle a préféré ne saurait plus mourir.

La voir est un plaisir, la connaître une joie;
Heureux ceux qu'elle enchante, et plus heureux encor
Ceux qui sont aimés d'elle et marchent dans sa voie.
Que n'offrirait-on pas pour un pareil trésor?

Oh! que longtemps elle aille, adorable et discrète,
Répandant ses bienfaits sans laisser voir sa main;
Réchauffant tous les cœurs touchés par sa baguette;
Que les fleurs qu'elle sème embaument son chemin!

Les pauvres dont la peine est par elle étouffée,
Les enfants, les vieillards, la nomment à genoux.
Je ne vous dirai pas le nom de cette fée;
Mais chacun la connaît, Madame,... excepté vous.

Longefont, novembre 1857

L'ÉTOILE SOLITAIRE

A ALIDE D.....

Dans le ciel noir je vois reluire
Une étoile au timide feu,
Pâle comme un dernier sourire,
Triste comme un baiser d'adieu ;

Pareille à la barque perdue
Que l'on suit des yeux sur la mer,
Tantôt dominant l'étendue,
Tantôt plongée au gouffre amer.

On n'aperçoit pas d'autre étoile ;
Les nuages sombres et lourds
Sur son front, qui brille et se voile,
Passent et reviennent toujours.

J'ai vu tes yeux, par intervalle,
De la nuit sonder l'épaisseur ;
Était-ce cette étoile pâle
Que tu regardais, ô ma sœur ?

IDÉAL.

Je l'aime parce qu'elle est seule,
Parce qu'elle brille et s'enfuit :
Tel un grain broyé sous la meule,
Telle une onde que l'onde suit !

Je l'aime comme toute chose
Qui subit la loi du trépas,
Comme le sourire et la rose :
O ma sœur, ne l'aimes-tu pas?

Plus tard tu la verras peut-être,
Dans les nuages crevassés,
Briller encore et disparaître;
Alors... pense aux beaux jours passés !

25 juillet 1857

RÊVE PERDU

——

A MADAME R.....

Pourquoi faut-il que je te parle encore
De ce lointain et touchant souvenir?
Pourquoi sans cesse un pouvoir que j'ignore
Dans mes pensers le fait-il revenir?

Tu nous contais qu'en tes jeunes années,
En ce passé si pur, si triomphant,
Pour couronner tes belles destinées
Un seul bonheur te manquait... Un enfant!

Mais une fois, nous dis-tu, je fus mère;
Un bel enfant, un ange aux cheveux d'or
Était à moi!... Le ciel, à ma prière
Avait donné ce fragile trésor.

Je le voyais dans les bras d'une femme;
Son cri vibrait à mon cœur maternel,
Et pour cette âme éclose de mon âme,
Mes vœux déjà montaient à l'Éternel.

Combien d'espoir, de crainte en toi repose,
Fragile objet qui viens de t'animer,
Mystère saint, tendre petite chose,
Que malgré soi l'on a besoin d'aimer !

Il est à moi ! mon regard le dévore,
Ma main s'étend, s'étend pour le trouver.
Mais, ombre vaine, il fuit... Tout s'évapore ;
La nuit est sombre et je viens de rêver !

Puis bien longtemps le regret du doux songe
Étreint mon cœur de son poids étouffant ;
Pendant la nuit, que ma douleur prolonge,
Je vais criant : Mon enfant ! mon enfant !

Il me suivra jusqu'à ma dernière heure ;
Je crois le voir en vous le racontant.
D'avoir rêvé se peut-il que l'on pleure ?
Après vingt ans j'en pleure encor pourtant.

N'en rougis pas ! cette triste chimère,
Dans ton destin si fécond en douleurs,
De tes douleurs n'est pas la moins amère ;
N'en rougis pas ; ne cache pas tes pleurs.

Chimère ou non, ce que le temps emporte
A notre cœur est-il moins enlevé ?
Quand le bonheur est englouti, qu'importe
Ce qu'il était, ou réel, ou rêvé ?

Le bonheur mort sans espoir de renaître,
Le rêve éteint sans avoir existé ;
De tous les deux c'est le rêve peut-être
Qui doit encore être plus regretté.

Ce cher passé que nous n'avons pu suivre,
Ailleurs un jour peut nous être rendu.
Tout ce qui fut dans le ciel doit revivre...
Qui nous rendra notre rêve perdu ?

Mars 1844.

LA RUINE

Ils sont morts; la race est éteinte;
Le manoir aux massives tours
Est démantelé pour toujours;
Les corbeaux y volent sans crainte.

Sur le sommet du pic maudit
Se dresse la sombre ruine;
Et lorsque le soleil décline,
Noir géant, son ombre grandit.

Pendant la nuit de blanches ombres
Descendent d'un nuage en pleurs
Pour cueillir l'asphodèle en fleurs
Qui pousse entre les créneaux sombres,

Et de ces humides trésors
Couronnant leurs têtes d'opales,
Elles dansent aux clartés pâles
De la lune amante des morts.

PROMENADE EN SEPTEMBRE

A MARIE DÉSIRÉE

Vois comme il fait beau ce soir !
Viens t'asseoir
Avec moi sur la colline,
D'où le val et les coteaux
Sont si beaux
Aux feux du jour qui décline.

Penserait-on que les cieux
Pluvieux
Ont inondé la nuit sombre,
En voyant briller si pur
Cet azur
Sans nuages et sans ombre ?

Tel plus d'un être souffrant
Va montrant
Au jour des lèvres rieuses,
Qui, dans la nuit retiré,
A pleuré
Des larmes silencieuses.

6.

Viens! le zéphyr attiédi
            Du midi
A séché l'herbe et la mousse;
Partout s'exhale des prés
            Diaprés
Une senteur fraîche et douce.

Le soleil, en se penchant
            Au couchant,
Colore d'un reflet rouge
Les coteaux, les peupliers,
            Les halliers,
Où nul feuillage ne bouge.

Il dore de chauds rayons
            Les sillons
De la colline verdie;
Ses clartés sur les vitraux
            Des hameaux
Brillent comme un incendie.

Quel calme délicieux
            Sous les cieux!
Quels doux parfums dans la plaine !
Il me semble t'aimer mieux,
            Dans ces lieux,
Où mon âme est plus sereine.

Quoi ! déjà l'ombre s'étend
            En montant

Sur les terres labourées !
Les sommets d'où fuit le jour
    Tour à tour
Perdent leurs teintes pourprées.

Chaque oiseau dans la forêt
    Disparaît,
En criant sous les ramures ;
Un éclat confus de voix
    Sort des bois,
Puis s'achève en longs murmures.

Le dernier rayon s'enfuit :
    C'est la nuit !...
Dans la brume qui s'élève,
Le vallon vaste et profond
    Se confond
Et s'efface comme un rêve.

Le brouillard vient froid et lent,
    Nous voilant
Comme un linceul qu'on déplie.
Ce beau soir si tôt passé
    M'a glacé
Le cœur de mélancolie.

O jours que naguère encor,
    Plein d'essor,
J'appelais d'un cœur avide,
Je vous salue en secret

D'un regret,
Dans votre fuite rapide.

O, ma brillante saison !
Horizon
Qui me semblais sans barrière,
Je te touche avec la main ;
Mon chemin
Est déjà long en arrière.

Pour endormir mon émoi,
Berce - moi
De ton amour qui m'enivre ;
Mêle à mon austérité
Ta gaîté,
Et console-moi de vivre !

Si par toi mon cœur aimé
Dort calmé,
Un deuil secret y demeure ;
Septembre a quelques retours
De beaux jours,
Mais la nuit vient de bonne heure.

L'oiseau chante à pleine voix,
Et les bois
Gardent encor leur couronne ;
Mais sous l'austère beauté
De l'été,
On pressent déjà l'automne.

LA FILLE DU TINTORET

A M. LÉON COIGNET

I

Venise! oh! que de fois un désir fantastique
A transporté mon cœur sur ton Adriatique!
De l'espace et du temps déchirant le rideau,
J'ai rêvé tes canaux sillonnés de gondoles,
Et tes palais de marbre et tes blanches coupoles,
        Et ton Saint-Marc et ton Lido!

Là, parmi les splendeurs de ton architecture,
J'aime à ressusciter les rois de la peinture
Qui prenaient leurs couleurs au ciel vénitien;
Je vois les deux Palma, dont le génie éclate,
Véronèse drapé de pourpre et d'écarlate,
        Et le grand maître Titien!

Les uns glissent, bercés par les ondes limpides,
Souriant aux chansons de ces beautés splendides,
De ces reines d'un jour, qui vivront sous leur main;
D'autres, le front pensif, sur la sombre lagune,
Vont rêver, isolés de la foule importune,
     A leur chef-d'œuvre de demain.

Toi, surtout, Robusti, vieillard au front austère,
Aussi fier que ton nom, j'aime ton caractère.
Où tout autre eût cédé, tu luttes et grandis.
Tu veux le premier rang dans la noble phalange :
La terre à Titien, l'enfer à Michel-Ange,
     A Tintoret le paradis!

II

Maître! quand Venise en ivresse
S'égaie et rit de toute part,
Pourquoi rester, dans ta vieillesse,
Dédaigneux et fier à l'écart?
C'est que ton âme est orgueilleuse.
De ta fille, enfant merveilleuse,
Tu soutiens le sublime essor.
Ainsi le chêne, dans sa force,
Sur ses bras, à la rude écorce,
Suspend la vigne aux grappes d'or.

Belle et sainte! On dirait un ange.
Les cieux doivent la regretter;
Ses regards ont un charme étrange,
Sa voix semble toujours chanter.
La harpe, entre ses mains bénies,
A d'indicibles harmonies,
Qui font du plaisir et du mal;
Ses pinceaux animent la toile;
Elle fait pâlir ton étoile,
Et son génie est ton rival.

Autant que toi Venise est folle
De Maria Tintorella.
C'est la merveille; c'est l'idole!
Paraît-elle? On dit : La voilà!
Le doge lui sert de modèle;
Les rois, pour être peints par elle,
Lui dépêchent leurs envoyés.
Oh! dans ta solitude austère,
Que tu dois être un heureux père!...
Il est heureux? Oh! oui... Voyez!...

III

Voyez sous ces rideaux la blonde Tintorelle,
Pâle, froide, immobile et douloureuse à voir.
    Son père au désespoir
Se penche vers son lit, encor plus pâle qu'elle.

Il contemple, d'un œil terne et stupéfié,
Son bonheur, un cadavre, et son espoir, une ombre!
     Il est là, morne, sombre,
Comme si la douleur l'avait pétrifié.

Sa fille souriait, ce matin, fraîche et forte.
Sa toile, ses pinceaux, ses couleurs... O destin!
     Préparés ce matin,
Semblent l'attendre encore... et ce soir elle est morte!

Morte! Il ne le croit pas. Pauvre cœur paternel,
Qui nageait, ce matin, dans des torrents de joie,
     Et que le ciel foudroie,
Comment pourrait-il croire à ce deuil éternel?

Plus d'enfant! ne plus voir sa tête enchanteresse!
Ses yeux qui, du vieillard illuminant le soir,
     Étoiles de l'espoir,
Donnaient à son déclin l'éclat de la jeunesse!

Plus d'enfant! Et qui donc ramassera demain
Ces pinceaux enviés, fameux par tant d'ouvrages,
     Glorieux héritages
Qui s'échappent déjà de sa tremblante main?

Plus d'enfant! Avec toi, fugitive colombe,
Le rire, la gaîté, les chants harmonieux
     Sont remontés aux cieux,
Et la harpe aux doux sons dormira sur ta tombe.

Ce père, qui marchait dans son joyeux orgueil,
Radieux de sa fille à son bras attachée,
   Ira, tête penchée,
Aussi blême qu'un mort évoqué du cercueil.

Au géant des forêts la vigne qui s'enchaîne
Tombe avec les rameaux qui lui servaient d'appui.
   C'est la vigne aujourd'hui
Qui meurt, et dont la mort fait succomber le chêne.

IV

La douleur du vieillard éclate, et prosterné :
— « Dans ma fille, ô mon Dieu! vous m'aviez couronné;
   C'était mon bien, ma vie.
Pourquoi sans le vieux père avoir frappé l'enfant?
Ah! j'étais trop heureux, j'étais trop triomphant
   Et trop digne d'envie!

« Ayez pitié, Seigneur, et faites-moi mourir.
J'ai souffert aujourd'hui plus qu'on ne peut souffrir
   Dans toute une existence.
Puisque vous m'avez pris le trésor que j'aimais,
Prenez-moi donc aussi. Je suis mort désormais;
   Je n'ai plus d'espérance!

« Beauté, grâce, génie et vertu, tout est là!
Je ne te verrai plus, ô ma Tintorella!
   Le tombeau qui dévore,

De toi, sang de mon sang, de toi, chair de ma chair,
Fait un reste insensible!... — O mon bien le plus cher,
      Je veux te voir encore!

« Vous qu'elle a préparés, ses pinceaux, ses couleurs,
Venez à mon secours. Soulagez mes douleurs;
      Rendez-moi son visage.
Quand Dieu de mon exil voudra me retirer,
O ma Tintorella! que je puisse expirer
      Les yeux sur ton image ! »

V

Sa main tient la palette et, dévorant son deuil,
Il fixe sur sa fille un pénétrant coup d'œil.
Il sature longtemps son âme paternelle
De ta pâleur de marbre, ô douloureux modèle!
Une lampe funèbre à travers un rideau,
De sa morne lumière éclaire le tableau,
Et glisse sur la morte étendue en sa couche.
Ses beaux yeux sont fermés languissament; sa bouche
Est entr'ouverte encor par le dernier soupir,
Et le doigt de la mort, qui vient de l'assoupir,
A laissé sur son front le divin caractère
D'un ange que le ciel vient de prendre à la terre.

Toi, vieillard, pâle, sombre et cependant vainqueur
Du sanglant désespoir qui te ronge le cœur,

Tu concentres ton âme en ce suprême ouvrage.

Par un sublime effort d'amour et de courage,

Tu veux, et ton pinceau n'a pas même hésité.

Si ta lèvre est aride et ton front contracté,

Si ton œil est brûlant, aucun pleur ne le voile,

Et l'image adorée a passé sur la toile.

Rongez, vers du tombeau ! faites votre devoir ;

Sur la Tintorella vous êtes sans pouvoir :

Par deux fois au néant le Tintoret l'a prise :

Père, il lui donna l'être ; artiste, il l'éternise !

L'Étang, 16 septembre 1852.

LE BOSQUET DE ROSES

Il est, au fond de ton jardin,
Un banc sous un bosquet de roses,
Où tu vas lire et te reposes
Quand le jour est à son déclin.
— Les fleurs en sont-elles écloses?

Sur ce banc-là j'allais m'asseoir,
O souriante destinée !
A mon bonheur de la journée
Bien longtemps j'y rêvais le soir.
— J'y veux retourner cette année.

Là, j'écrivis avec émoi
Ces vers où, pressentant d'avance
Les chagrins de la longue absence,
Je te disais : — Rappelle-toi !
— En as-tu gardé souvenance?

Hors l'amitié, tout doit finir ;
Tout s'enfuit au vent et s'effeuille,
Jusqu'à la fleur que ta main cueille
Sur le rosier du souvenir :
— Oh ! que j'en voudrais une feuille !

Avril 1855.

A MADEMOISELLE GABRIELLE P....

Vous avez, Gabrielle, une douce parole ;
Vous avez un souris qui charme et qui console ;
Votre visage exprime une aimable langueur ;
Vous êtes tout ensemble et souriante et grave ;
Pareille à l'humble fleur dont l'odeur est suave,
Vous avez la bonté ; c'est le parfum du cœur.

Vous aimez cette enfant si charmante et si chère
       Que j'appelle comme ma mère,
       Que j'adore comme une sœur.
Oh! l'amitié sur terre est un divin dictame !
Les maux soufferts à deux sont moins cruels à l'âme,
Et les biens partagés en ont plus de douceur.

Puissiez-vous, toutes deux, marcher, toujours screines,
Par des sentiers fleuris, sur de molles arènes !
Que dans l'ombre et la paix vos jours soient abrités !
Puissiez-vous ne jamais éclabousser nos fanges
Sur vos pieds délicats et sur vos robes d'anges !
Que Dieu soit avec vous ; car vous le méritez.

Longefont, novembre 1857.

7.

NUIT D'AUTOMNE

Il fait noir ; la terre est sombre,
Pas un astre au ciel ne luit ;
On entend vagir dans l'ombre
Le vent triste de la nuit.

Les grands arbres se balancent
Avec un gémissement ;
Les flots sur le roc s'élancent
Et mugissent sourdement.

On dirait que l'eau qui gronde
Parle aux peupliers mouvants,
Et l'arbre répond à l'onde
En courbant sa tête aux vents.

Cri d'angoisse ! hymne éternelle
De la vie et de la mort !
Pourquoi l'onde pleure-t-elle ?
Pourquoi gémit l'arbre au bord ?

L'arbre se plaint-il à l'onde
De ce souffle continu,
Qui lui prend sa feuille blonde
Et le va laisser tout nu?

L'onde se plaint-elle aux arbres
De ce que l'hiver fatal
Va changer en blocs de marbres
Ses paillettes de cristal?

O rêveur, qui les écoutes,
Toi, dont le cœur effaré
Se déchire à tous les doutes,
Comme un chasseur égaré,

Il est une voix intime
Aux soupirs plus douloureux :
Ton cœur, ce profond abîme,
Gémit plus tristement qu'eux.

Si le vent à l'arbre enlève
Sa parure de l'été ;
Vois ton bonheur rêve à rêve,
Par l'aquilon emporté.

Si l'eau se plaint au rivage
Des froids qui la gèleront,
Songe à cet hiver de l'âge
Qui va te glacer le front.

Le feuillage doit renaître
Au printemps plus radieux ;
Le flot que l'hiver pénètre
S'élancera plus joyeux ;

Mais cet hiver, triste et morne,
Qui saisit ton corps perclus,
Est sans limite et sans borne :
L'été ne reviendra plus !

Sans qu'un autre espoir t'accueille,
Sans refleurir de nouveau,
Tu tombes comme la feuille,
Tu t'écoules comme l'eau.

O rêveur ! songe à toi-même,
Passager dans ces lieux bas ;
Songe au sinistre problème,
A l'énigme du trépas.

Nul de ceux qui sont sous terre
Ne l'a dit à son linceul ;
Vie ou mort, c'est le mystère
Que Dieu garde pour lui seul.

LONGEFONT

A travers le rideau des peupliers mobiles,
Sur ces murs en terrasse et de lierre couverts,
Voyez-vous la maison au toit de sombres tuiles,
    Blanche au milieu des arbres verts?

Au murmure de l'eau qui bout sur les écluses,
Au longs soupirs des bois agités par le vent,
On croirait voir errer les ombres des recluses
    Sur les débris du vieux couvent.

C'est Longefont! C'est là, dans ce val solitaire
Que priant et rêvant loin du monde réel,
Les nonnes savouraient dans l'oubli de la terre,
    L'avant-goût de la paix du ciel.

O désir de ma vie! ô rêve insaisissable;
Que je poursuis sans cesse et qui me fuis toujours,
Rapide comme un flot, mobile comme un sable,
    Espoir et tourment de mes jours,

Céleste paix! jadis chez ces vierges pieuses
Dans ces murs où planait un sévère bonheur

Tu vivais, animant leurs voix harmonieuses
A chanter le nom du Seigneur !

Les hymnes ont cessé ; les nonnes désolées
Ont fui ces murs sacrés, pour n'y revenir plus ;
Et la cloche du cloître, aux échos des vallées,
Ne sait plus tinter l'Angélus.

Mais toi, divine paix, tu demeures encore
Mystérieux esprit, dans ce val délaissé
Où la Creuse caresse, indolente et sonore,
Les doux fantômes du passé.

Dans les rameaux tremblants des saules et des aunes,
Tu te berces au vent comme un sylphe qui dort,
Quand le soleil penchant darde ses rayons jaunes
Où danse un flot d'insectes d'or.

Tu t'accoudes, pensive, au bord de la fontaine ;
Je vois se dessiner ton reflet nébuleux,
Dans cette urne de pierre où l'œil mesure à peine
Le profond cristal des flots bleus.

O vallon solitaire ! ô riantes collines !
Rivage où l'onde suit un cours délicieux !
Toi, berceau verdoyant, qui sur les eaux t'inclines !
Calme de la terre et des cieux !

Mystérieux accords qui formez le silence,
Mon cœur charmé par vous oubliera ses douleurs.
Oh ! laissez-moi cacher ici mon existence,
Entre les oiseaux et les fleurs !

A DEUX

C'était dans le bois, sous l'ombrage,
Au soir ;
L'ombre envahissait le feuillage
Plus noir.
Sous les arbres, mobiles dômes,
Glissaient
Quelques rayons où des atômes
Dansaient.
Ensemble ils marchaient tous deux, Elle
Et Lui.
Lui, servant à l'enfant plus frêle
D'appui,
Pressait, silencieux et tendre,
Le sol.
Elle, oiseau joyeux qui va prendre
Son vol,
Aux échos jetait gracieuse
Sa voix,
Et sautait dans l'herbe soyeuse
Du bois.
Sur son épaule aux chairs nacrées
Le vent

Soulevait ses boucles dorées
Souvent ;
Son œil où pétillait sa joie
D'un jour,
Jetait ces longs éclairs qu'envoie
L'amour.
Lui, recueilli dans sa tendresse,
Vainqueur,
Nageait dans l'ineffable ivresse
Du cœur ;
Sur elle abaissant sa paupière
Pieux,
Il l'enveloppait tout entière
Des yeux ;
Et son regard, dans chaque pose
Bien long,
Admirait ce bel ange rose
Et blond,
Qui gazouillait d'une voix douce
Tout bas,
Marquant à peine sur la mousse
Ses pas.
Où donc allaient-ils, lorsque l'ombre
Croissait,
Tous les deux seuls par le bois sombre?
Qui sait?
Sans doute ils n'en savaient eux-même
Plus rien.
Qu'importe où l'on va quand on s'aime
Si bien !

LA CHEMINÉE DE CAMPAGNE

VOYAGE AU COIN DU FEU

Qu'il fait bon, quand la nuit lente et sombre est venue,
Quand la bise au dehors, dans la campagne nue,
Fait voltiger la neige en épais tourbillons,
Ou quand le brouillard froid pèse sur les sillons ;
Qu'il fait bon, seul, tranquille et la tête inclinée,
Assis sous le manteau d'une ample cheminée,
Les coudes aux genoux et les mains au foyer,
Voir dans l'âtre rustique un chêne flamboyer !
C'est qu'une cheminée, en hiver, est un monde.
Le grillon s'y blottit dans sa fente profonde ;
Hôte de bon augure, il se cache à mes yeux
Sous la plaque de l'âtre, et fredonne joyeux.
A son hymne bientôt répond un sourd murmure ;
C'est le chaudron pendu dans la fumée obscure.
Sur sa tête il incline un couvercle rouillé,
Et lorsque de trop près il se sent chatouillé
Par le feu, dont il craint la douloureuse atteinte,
Il exhale en vapeur son haleine et sa plainte.

8

Les grands chenets de fer, immobiles tous deux,
Indifférents au bruit qui se fait autour d'eux,
Sourds au tison qui roule, au choc des étincelles,
Sur le seuil du foyer, comme deux sentinelles,
Semblent veiller exprès pour arrêter les jeux
De ces gaz pétillants, à l'essor ombrageux
Qui, poussant dans la chambre une pointe indiscrète,
Allongent tour à tour et retirent leur tête.

Les branchages légers, les sarments onduleux,
D'où sortent en sifflant des jets roses et bleus,
Se crispent aux baisers de la flamme lascive,
Et semblent s'écrier d'une voix convulsive :

    « — Où sont les beaux jours passés?
    Dans l'arbre vaste et sonore,
    Par les brises de l'aurore
    Nous avons été bercés!

    « En mai nos feuilles ouvertes,
    Perçant le bourgeon vermeil,
    Ont jailli sous le soleil,
    Jaunes d'abord et puis vertes.

    « L'oiseau, ce chanteur des bois
    Qui n'a que l'âme et les ailes,
    Souvent sur nos cimes frêles
    A posé ses légers doigts.

« Et nous, heureux de l'entendre,
En balançant le doux nid
Qu'il aime et que Dieu bénit,
Nous écoutions sa voix tendre.

« Puis nos feuilles ont bruni,
Tombant au vent de l'automne
Avec un bruit monotone ;
Et les amours ont fini !

« Dans la forêt indignée
Sont venus les bûcherons,
Et partout, aux environs,
A retenti la cognée.

« Victimes du fer cruel,
Hélas ! le feu nous dévore !
Nous ne verrons plus l'aurore,
Ni les oiseaux, ni le ciel.

« Jusques à la moindre branche
Le feu nous prend tour à tour ;
Nous devenons, sans retour,
Charbon rouge et cendre blanche. »

Ils disaient, quand le chêne, atteint profondément,
Crie et laisse échapper un sourd gémissement.
Il s'agite, vaincu par la flamme crispée,
Et, de l'extrémité que la hache a coupée,

Les pleurs qu'il retenait coulent en écumant.
Le vieux géant des bois exhale son tourment :

   « — Faibles rameaux, est-ce à vous de vous plaindre?
   Vous n'avez pu, dans votre vie, atteindre
   Jusqu'à l'hiver. Vous n'avez pas vécu.
Mais moi, qui fus l'orgueil de la forêt sauvage,
Qui vis cent fois s'étendre et tomber mon feuillage,
Moi le rival du Temps, moi qu'il n'a pas vaincu!...

   « J'ai vu grandir l'aïeul de notre maître ;
   J'ai vu mourir son père et son fils naître ;
   De tous les siens j'aurais usé les jours.
Enfant, j'avais pour lui des nids dans mon feuillage,
Et sous mon front puissant, vieillard courbé par l'âge,
Il se fût souvenu de ses jeunes amours.

   « C'est sous mon ombre épaisse et parfumée
   Qu'il vint s'asseoir près de sa bien-aimée ;
   Voici la mousse où sa main s'appuya.
Sous ma rugueuse écorce il eût pu voir encore
Deux chiffres enlacés, dont celle qu'il adore
Par un baiser bien tendre autrefois le paya.

   « Aux jours du deuil, aux heures de l'étude,
   Sous mon abri cherchant la solitude,
   Il vint rêver, pleurer, prier les cieux.
Inutiles rameaux, est-ce à vous de vous plaindre,
Lorsqu'en des nœuds ardents cet ingrat laisse étreindre
Un ami de cent ans, planté par ses aïeux! »

Mais moi : « — Pourquoi gémir et m'accuser, vieux chêne ?
Tu vis assez de fois changer l'espèce humaine.
Brûle ! c'est ton destin ! »

Je disais, et pourtant,
Je m'étais attendri tout bas en l'écoutant ;
J'avais compris son deuil. Sa douleur était juste,
Et vaincu par degrés, je lui dis : « — Arbre auguste,
Je fus cruel pour toi, mais tu m'en as puni.
A tes pieds, évoquant tout un passé béni,
J'aurais pu revenir m'asseoir sur tes racines !
Rêveur, j'eusse écouté ces notes argentines
Que la brise module entre les rameaux verts.
Dans le ciel de l'été, rayonnant au travers,
J'aurais cru voir passer peut-être une ombre douce,
Et tandis que l'oiseau, couvant son nid de mousse,
Eût gazouillé là-haut sa joie ou sa langueur,
La voix du souvenir eût chanté dans mon cœur !
Il est trop tard ! »

L'effort de la flamme agrandie
Jusques au cœur de l'arbre a porté l'incendie.
Soudain en deux moitiés il se brise... Un fragment
Roule sur les chenets, se redresse et, fumant,
Comme un clocher frappé par la foudre il s'embrase.
Pendant quelques instants il fume sur sa base,
Tandis que l'autre bout, sur le foyer brûlant,
Consumé par le feu plus égal et plus lent,
En charbons inégaux se divise dans l'âtre.

Longtemps encor j'y vois, ainsi qu'en un théâtre,
Des formes de rochers, de palais et de tours
Grandir, se transformer et s'éteindre à toujours.
Longtemps je me complais à saisir au passage
Du vallon calciné le changeant paysage.
Quelquefois un charbon pétille, un léger feu
Voltige en chatoyant, et lance un reflet bleu.
Bientôt tout devient noir, hormis quelque point rouge
Sorti pour un moment de la cendre qui bouge.
Enfin tout fait silence, et le grillon reprend
Sa chanson, qu'arrêta l'ardeur d'un feu trop grand :

« — Je suis l'insecte d'ébène ;
Dans la nuit je me promène,
Moi, le lutin familier,
Moi, dont la noire prunelle
Reluit, comme une étincelle,
Dans la fente du foyer !

« Sous la cendre douce et tiède,
Content du coin qu'on me cède,
Je chante et n'exige rien.
Soufflez, vents ! Dieu me protége.
Tombe au dehors, froide neige !
Je suis heureux ! je suis bien !

« Pour te bercer, mon bon hôte,
Je m'en vais d'une voix haute
Fredonnant l'hymne du soir,
Et, dans l'abri qui me cèle,

A grand bruit, frappant mon aile
Contre mon corselet noir. »

Quand le dernier charbon s'est éteint sous la cendre,
Lui-même le grillon ne se fait plus entendre ;
Enfin, dans le village où s'est tû chaque bruit,
L'horloge douze fois résonne... Il est minuit !

ENVOI A JULES BOILLY.

Et toi, cher fugitif, toi qu'une ardeur dévore
De changer d'horizon et d'en changer encore ;
Toi, mobile rêveur, que de malins démons
Entraînent loin de nous et par vaux et par monts,
Qui vas, sous d'autres cieux, cherchant d'autres spectacles,
Vois ! tu rencontrerais plus de changeants miracles
Plus d'aspects imprévus dans mon feu de Noël
Que ne t'en peut offrir, là-bas, ton nouveau ciel.
Où vas-tu ? quel pays te possède à cette heure ?
Sur quelque route ardue, où le vent crie et pleure,
La lourde diligence, au coussin amaigri,
Cahote rudement ton corps endolori ;
Tandis que plus tranquille et me croyant plus sage,
Je vais sur l'oreiller faire un autre voyage.

A MADAME AMÉLIE R....

Pourquoi faut-il que le temps ait des ailes,
Pour emporter notre ivresse et nos chants?
Pourquoi faut-il que ses mains trop cruelles
Fauchent nos jours comme l'herbe des champs?

Il me semblait que vous étiez venue
Depuis hier seulement parmi nous;
Et vous partez! vous n'êtes retenue
Ni par nos vœux ni par nos soins pour vous!

Aussi voyez comme Dieu nous retire
Son beau soleil, qui brillait sur nos fleurs!
Vous nous quittez, et l'aquilon soupire,
Et tout le ciel semble se fondre en pleurs!

Cette naïade à la course limpide,
Qui vous berçait de ses bras transparents,
Dans son regret plisse son front humide;
Son flot se trouble aux larmes des torrents.

Tout vous regrette. Ah! chère fugitive,
Vous emportez les meilleurs de nos jours;
Mais vous avez passé sur cette rive,
Et tout, de vous, y parlera toujours.

Errant tout seul sur les rives désertes
De cette Creuse où nous allions le soir,
Je croirai voir entre les feuilles vertes
Votre front pur ou votre grand œil noir.

Dans le sentier votre marche est tracée;
Le sable a pris l'empreinte de vos pas;
Je l'y verrai toujours quoique effacée:
Mon cœur la garde et ne l'oublîra pas.

Je glisserai dans ma barque de chêne,
Dont votre main guida les avirons;
Pour moi, l'écho de la rive prochaine
Dira vos chants aimés des environs.

Le souvenir, chimère caressante,
Me parlera des beaux jours écoulés;
Je vous verrai sans cesse, quoique absente,
Dans ce pays d'où vous vous en allez.

Auprès de nous si vous fûtes heureuse,
Promettez-nous qu'en un prompt avenir
Vous reviendrez aux rives de la Creuse;
Car, sans l'espoir, triste est le souvenir.

Longefont, 18 août 1856.

L'OISEAU DU PARADIS

LÉGENDE ALLEMANDE

La rêveuse Allemagne était encor soumise,
Comme une enfant docile, aux canons de l'Église ;
De toutes parts, au fond des vallons, l'Angelus
Tintait dans les couvents pour de pieux reclus.
Déjà pourtant les cœurs s'égaraient dans la route,
Et sur les plus fervents flottait l'ombre du doute.
L'un des plus vénérés de ces religieux
Était le moine Alfus. Alfus était si vieux
Qu'il avait dépassé la limite ordinaire ;
Aussi l'appelait-on le moine centenaire.
Il semblait au-dessus de notre humanité,
Par son âge non moins que par sa piété.
A voir la majesté de sa noble figure
Et sa barbe d'argent sur sa robe de bure,
On aurait dit un saint. En le voyant passer
Les lévites semblaient tout près de l'encenser.
Alfus avait la foi ; mais cette longue vie,
D'amertume abreuvée et de douleur suivie,

tait lourde à son âme encor plus qu'à son front.
es heures que le temps pousse d'un doigt si prompt,
es heures lui pesaient. Comme un buveur avide,
ont on remplit la coupe aussitôt qu'elle est vide,
uccombe sous le vin qu'on lui verse toujours,
as de la vie, Alfus était ivre de jours.
our tous, son existence était sainte et bénie;
ais quand venait la nuit, une ardente insomnie
enait ses yeux ouverts, et l'aube en renaissant
e retrouvait plus sombre et plus réfléchissant.
ennui le consumait. Un dégoût invincible
toute impression le rendait insensible.
irfois il appelait la mort, lente à venir;
irfois épouvanté de ce vaste avenir,
s'écriait : « — Mon Dieu! si l'existence humaine,
ui dure peu de temps, de tels ennuis est pleine,
e quel terrible poids sera l'éternité!
tre lot sur la terre est l'instabilité;
anger c'est vivre; l'homme avide de prémices
ebutera demain l'objet de ses délices.
irrésistible instinct l'entraîne à ce qui fuit.
onde coule, l'oiseau s'envole, l'éclair luit,
parfum s'évapore... Ainsi tout ce qu'il aime!
is des splendeurs sans fin, un chant toujours le même,
ie adoration sans borne, où les élus
ongés dans un bonheur qui ne finira plus,
vant le même vin toujours au même vase,
vent pétrifiés dans l'immobile extase!
l sera l'autre monde!... Et partout, et toujours,
espace et l'infini! Plus de nuits, plus de jours!

Plus de vœux à former, plus d'humaines souffrances !
Mais aussi plus jamais de folles espérances,
De ces rêves changeants où brillait l'idéal ;
Toujours ! toujours un cycle immuable, fatal,
Un azur sans nuage, un été sans rosée,
Un bonheur dont jamais l'âme n'est reposée,
Un abîme où l'esprit s'arrête épouvanté,
Où l'oreille n'entend qu'un mot : Éternité !.... »
    Alfus, l'âme livrée au rêve qui l'emporte,
S'avance et du couvent il a franchi la porte.
Il traverse le pont, et la route et les prés
Couverts d'arbres en fleurs et de fleurs diaprés.
Il arrive bientôt dans un lieu solitaire,
S'asseoit au pied d'un chêne et se laisse distraire
Par les enchantements de la verte forêt.
Dans sa jeune beauté le printemps s'y montrait.
    O printemps, fils de Dieu, toi, dont la main redonn
Aux arbres de nos bois leur mobile couronne,
Tu souris à l'enfant, à l'homme, et ton regard
Jette un dernier éclat dans le cœur du vieillard !
Tout n'était que fraîcheur et parfum sous l'ombrage ;
Le soleil envoyait à travers le feuillage
Ces obliques rayons qui présagent le soir ;
La nature riait de bonheur et d'espoir ;
Un oiseau préluda. Sa voix était si tendre
Que tous les bruits des champs se turent pour l'entendı
Son chant était si doux, si pur, qu'un rossignol
Tomba de jalousie et mourut sur le sol.
Cet hymne harmonieux aux notes nuancées
Ranima le vieillard et changea ses pensées.

Attentif, il resta, ne se souvenant plus
Qu'on l'attendait au chœur pour chanter l'Angelus.
De l'oiseau merveilleux les cadences perlées
Se suivaient, s'enchaînaient, sans fin renouvelées;
Il ne se lassait point, et chaque trait nouveau
Se dessinait plus frais, plus suave et plus beau.
On croyait voir germer à sa voix la verdure,
Voir le ciel resplendir, et toute la nature,
Comme s'harmonisant aux mystiques accords,
Prodiguer ses couleurs, ses parfums, ses trésors.
Il semblait que lui seul, tel qu'une âme inspirée
Donnât l'air et la vie à toute la contrée.
Il parlait un langage à l'esprit soucieux,
Et l'emportait bien loin, bien haut, jusques aux cieux!
Il remuait le cœur au fond de la poitrine;
Les mille harpes d'or de la cité divine,
Qui font dans sa splendeur le ciel s'extasier,
Vibraient à l'unisson dans ce frêle gosier.
Enfin il couronna sa gamme merveilleuse
Par une note claire, ardente, lumineuse,
Que le moine crut voir, à travers le ciel pur,
Filer comme une étoile et mourir dans l'azur.
L'extase du vieillard avec l'oiseau s'envole.
Il a dû perdre une heure à ce plaisir frivole;
Il se lève, et, hâtant son pas mal assuré,
Il retourne... Mais quoi! tout s'est transfiguré.
Merveilleux changement! Les collines prochaines,
Au lieu d'humbles taillis s'ombragent de grands chênes;
En place du sentier qui menait au couvent,
S'ouvre une large route; au lieu du pont mouvant,

Dont le bois vermoulu frémissait sous la marche,
Un pont vaste arrondit les pierres de son arche.
Il ne reconnaît plus personne du hameau.
Les pâtres ébahis, ramenant leur troupeau,
Et les femmes filant sur le seuil de la grange,
Le regardent passer avec un air étrange.
Il arrive au couvent ; le cloître est agrandi.
Le vieux clocher roman, qui penchait alourdi,
Où les oiseaux du ciel nichaient dans mainte brèche,
Se dresse et lance au ciel une gothique flèche.
L'étonnement, l'effroi lui font hâter le pas ;
Il arrive. Un portier qu'il ne reconnaît pas
Lui demande son nom ; il le dit... O surprise !
Nul ne connaît Alfus, ce flambeau de l'Église.
Enfin on fit venir le doyen du couvent :
C'était du temps passé le registre vivant.
Il recherche le nom d'Alfus dans sa mémoire :
« — Je me souviens, dit-il, d'avoir ouï l'histoire
D'Alfus le centenaire. Il sortit seul un soir.
Que devint-il depuis ? On n'a pu le savoir ;
Mais on croyait qu'après sa mission remplie,
Dieu l'avait dans le ciel emporté comme Élie.
Car c'était un grand saint. Dans mon plus jeune temps,
Les anciens en parlaient déjà depuis vingt ans,
Et j'en ai quatre-vingts.....» Mais, Alfus, ô mystère !
Voyant que tout un siècle écoulé sur la terre,
Plus que l'âge d'un homme, avait passé pour lui
Comme l'ombre d'un songe en moins d'une heure enfui ;
Alfus comprit soudain que ce chanteur sublime
Était venu du ciel l'arracher à l'abîme.

Le moindre des oiseaux qui sont au paradis
Tenait depuis cent ans tous ses sens engourdis.
Les mondes et les temps valaient donc moins qu'une heure
Des voluptés que Dieu nous garde en sa demeure?
Tombant à deux genoux, il adora. — Les jours
Suspendus par miracle, ayant repris leur cours,
Sur son front prosterné tout d'un coup s'écroulèrent.
La mort le foudroya; ses regards s'aveuglèrent;
Mais confiant en Dieu, certain de sa bonté,
Il entra dans la tombe et dans l'éternité!...

CLAIR DE LUNE

Viens ! la nuit est belle, l'air pur
    Et le ciel sans nuage ;
La lune glisse dans l'azur,
    Comme un cygne qui nage ;
Les fleurs mêlent en un parfum
    Mille senteurs divines ;
Nos cœurs unis n'en font plus qu'un,
    Qui bat dans deux poitrines.

Pose tes deux mains sur mon bras,
    Ton front sur mon épaule ;
Viens ! nous irons où tu voudras,
    Dans les prés, sous le saule ;
Au bord du ruisseau babillard,
    Ou dans le bois qui tremble ;
Marchant et parlant au hasard,
    Mais heureux d'être ensemble !

A UNE BELLE INCONNUE

SONNET

———

Laissez-moi longtemps en silence,
M'éblouir de votre beauté,
Mon regard n'est pas une offense,
C'est un hommage mérité.

Est-ce que jamais le ciel pense
Par notre terre être insulté,
Si l'azur de son dôme immense
Dans les lacs bleus est reflété?

Votre image en mon cœur se plonge;
Je veux l'emporter comme un songe
Dont on ne peut se détacher,

Comme le trésor d'un avare,
Ou' le parfum d'une fleur rare
Qu'on respira sans y toucher.

9.

LA JEUNE FILLE ET L'ÉTOILE

SONNET

———————

— Salut, étoile du matin !
Cette nuit j'ai fait un beau rêve.
Peux-tu, dans son château lointain
Voir mon bien-aimé qui se lève?

Selle-t-il son coursier hautain,
Qui piaffe et hennit sur la grève?
Fait-il préparer le festin,
Pour que la noce enfin s'achève ?

— Blanche vierge, ma jeune sœur,
Je l'ai vu le hardi chasseur.
Sur son manoir je suis passée.

Il chevauche par la forêt:
Et le festin de noce est prêt...
Mais tu n'es pas la fiancée !...

L'IDÉAL

Lorsque l'idée afflue et monte
Dans mon cerveau qu'elle ravit,
Si je pouvais, comme la fonte
Que l'on jette au moule et qui vit,

La couler dans sa pure forme,
Dans sa grâce ou dans son ampleur,
Plus forte qu'un colosse énorme,
Plus délicate qu'une fleur;

Oh! j'aurais une poésie
A tenir le monde enchanté,
Belle comme la fantaisie,
Grande comme l'Éternité!

Mais quand il faut que je modèle,
Dans un langage glacial,
L'image toujours infidèle
De l'insaisissable Idéal;

Pensée ! archange de lumière,
Étoile au radieux sillon,
Plus fragile que la poussière
Sur les ailes du papillon,

Quand il faut que je te saisisse ;
Quand il faut que d'un doigt grossier,
Je t'enchaîne et je t'assouplisse
Dans mon vers aux mailles d'acier ;

Je sens que je suis sacrilége,
Que je mets en captivité
Celle dont le saint privilége
Est l'espace et la liberté.

Je sens que j'arrache au bocage
Le rossignol mélodieux,
Pour l'enfermer dans une cage,
Sans fleurs, sans ailes et sans yeux.

Si dans la prison douloureuse,
Il jette encore un chant furtif,
Ce n'est plus une hymne amoureuse ;
Mais c'est la plainte d'un captif.

Ainsi, vous, rimes cadencées,
Vous êtes un écho moqueur,
Une ombre pâle des pensées
Dont le flambeau luit dans mon cœur.

Hélas! hélas! tout ce que j'aime,
Tout ce qu'en moi je sens frémir,
Doit-il mourir avec moi-même
Et sous terre avec moi dormir?

FIN

TABLE

PARIS. — IMPRIMERIE DE J. CLAYE, RUE SAINT-BENOIT, 7.